창조문학대표시인선 · 223

봄이 오고 있잖아요

봉순희 시집

창조문학사

□ 자서

형형색색으로 물들어 가는
저 단풍잎을 보면서
생각했습니다.
나는 무슨 색깔의 옷을 입었을까…

낡고 빛바랜 무명옷이었습니다.
그 위에 색색의 실로 한 땀 한 땀 수를 놓는 심정으로
삶의 노래를 시로 썼습니다.

첫 시집을 내면서
시인이 되기까지 따사로운 손길과 사랑으로 지도 해주신
한여울 문학 대표 한화덕 선생님께
깊은 감사의 말씀을 드립니다.
아직 부끄러운 제 글을 존경하는 홍문표 박사님의
해설과 시평을 받게 되어서 영광스럽습니다.

든든하게 나의 울타리가 되어 주는 가족과
한여울 문학회 회원님들 고맙습니다. 문우의 덕분입니다.
올 가을 단풍잎이 참 곱고 아름답습니다.

2013. 11
낙엽의 거리에서
佳香 봉순희

봉순희 시집

| 차 례 |

2부 봄이 오고 있잖아요

3부 가슴에 그 빛을 담아서일까

4부 들꽃을 피우고 싶다

5부 누가 밟았을까

6부 나의 가로등

□ 은사의 초대시

빈 배

한 화 덕
(시인 · 한 여울 문학대표)

왔던 길을 되돌아가라 하네
가는 곳이 어디 인줄 알지만
가는 방법을 안다고
갈 수 있는 길이 아닌
다만 왔던 기억의 인자를 버려야만
찾아 갈 수 있는 길이다

버리고 지우는 기억의 인자
다음 생애 태어날 희망의 돛을 향해
빈 배에 몸을 싣고 떠나는 길이다

육신이 떠나가는 배가 아닌
영혼이 빈 배를 타고
시작의 근원으로 돌아가는

아주 가벼운 기억의 인자 하나만으로

1부

•

나의 노래

나의 노래

이제 노래를 부르리
못다 부른 나의 노래를

저 푸르른 날
무성한 숲 그늘에서 산새들 노래하고
초록 잎새 나풀나풀
춤을 추었을 때

나무 등 뒤에 기대
소리 죽여 울어야만 했던

아직, 심장이
파닥파닥 뛰고 있는
오후 네 시

황금빛
미지의 세계로 떠나기 전에

나는 한 마리
카나리아가 되어 노래를 부르리
못 다 부른 나의 노래를

시가 내게 오면

꿈속에서도
길을 걸어도

너의 형상은
어둠 속으로 사라진 겨울 안개

이 겨울이 지나고
꽃이 피는 새봄이 오면

그리운 소꿉동무들과
고향의 흙 향기 묻어나고

온갖 새들이 지저귀는
논두렁 밭두렁에 앉아

달래냉이 씀바귀를 캐고
돌돌돌 흐르는 시냇물 소리 벗을 삼아

한 편의 시를 쓴다면
목마른 가뭄에 단비를 맞은

채마밭의 푸른 푸성귀처럼
참 행복 할 거야

꿈속에서도
길을 걸어도

시의 탄생

남몰래 상상의 나래를 펴고
과거와 현재 미래를 넘나들고
드디어 내안에 태동을 느낀다

백지장 같은 하얀 얼굴에
글자판을 토닥거리면
피가 되고
살이 되고
눈코입이 달린
귀한 옥동자가 탄생을 한다

머리와 얼굴은 잘 생겼는데
팔 다리는 멀쩡한데
으 음
한동안 가슴앓이 하신 후
선생님께서 말씀 하신다
허리에 붙은 군살이 좀…

마법의 손이자
명의이신 선생님께선
어느새 감쪽같이 대 수술을 하신다
시가 탄생하는 순간이다

아, 이 녀석아
바로 너야
그게 멋진 너잖아

바람을 타고

눈앞에 보이는
아득한 저 언덕을
어떻게 넘어야 할까

나는 언제 이곳에 왔을까
푸른 등성이는 어디로 갔을까
세월이 두둥실 바람을 탔었나
잠결에서 꿈만 꾸었나

커피 한 잔속에 어리는
젊음의 그리움
허공 속에 토해 낼
독백의 여유조차 없었다

아직도 마음은
스무 살 그 푸르른 언덕을
헤매이고 있는데

바람은 자꾸 불어
지천명의 옷자락을
이순의 저 언덕으로 재촉한다

나는 기다리리라

연록의 날개옷을 벗었다
뜨거운 저 태양과 싸우기 위해
갑옷처럼 무거운 옷을 입어야만 했다
태양이 광기를 부릴 때마다
내 몸에 흐르는 땀방울은
땅 속 깊이 파고들었다

더위가 더할수록
아귀찬 풀벌레 소리와
나무들의 푸른 함성은
온 산야를 짙게 물들게 하고
광야의 배롱 나무는
열꽃이 되어 여름 내내
무언으로 붉은 피를 토한다

나는 기다리리라
저 불덩이 같은 태양이 식어
내 몸에 매달린 푸른 열매들이
발갛게 물드는 날까지

못다 핀 꽃 한 송이

색소폰이 흐느낀다
파도는 바다의 가슴을 친다

도는 옛사랑으로
레는 옛 추억으로
해당화 한그루
외롭게 서 있는 겨울 바닷가에서

못다 핀 꽃 한 송이가
저 해당화 일까
아직도 미련이 남았을까

한 소절 또 한 소절
어쩜 저리도 애절할까

지워도 지워지지 않는
영화 같은 장면들이 스친다
테너 색소폰이 운다
연주자도 운다
해당화 붉은 두 뺨에도

'언제 가셨는데 안 오시나
가시다가 잊으셨나'
색소폰이 또 흐느낀다

그래요 못다 핀 꽃 한 송이는
피우지 마세요
꽃이 피면 아플 테니까요

바람이 소리없이 내게 말했다

무언의 눈빛

강열했던 그 눈빛이
속사포처럼
내 가슴에 내려 쏠 때

펄펄뛰던
심장이 멈춘 듯했다

온유한 얼굴
촌음처럼 스치는
그의 고독과 번뇌

결코 사랑한다고
말은 안 했지만

나는 안다
강열하게 불타는
그 눈빛 속의 의미를…

사랑이라네

찬바람이 부는 날
서걱서걱 댓잎 우는 소리
너무나 쓸쓸하여
잠든 그대 얼굴을 바라다보았네

무심한 세월의 흔적인가
깊게 파인 밭고랑엔
거친 삶의 이야기가

한 쌍의 원앙이 되어
두런두런 이야기꽃을 피우며
그대와 함께 한 세월이
그 얼마였던가

석류 알이 빨간 그리움이 되어
툭툭 터지는 것처럼
내 안에 아픈 멍울은
그대 부드러운 미소에
어느새 봄눈 녹듯 사라지고

따스한 손길은
항상 내 곁에 있어

눈발 흩날리는 날
저 솔 밭길을 정답게 걷는 것도
나에게는 참 사랑이라네

촛 불

그대여
정녕 희미한 연기 속에
여린 속살을 불태워야 하는가

가물가물 제게 다가오는
당신의 눈빛은
너무나 강렬했습니다

꺼질 듯 말듯 타오르는 불꽃
그대 숨결이 뜨거우면 뜨거울수록
내 몸은 비에 젖은 모시 적삼처럼
허물어져가고

주르르 흐르는 눈물 한 방울
그대 사랑이 메마른 가슴 속에서
열꽃처럼 일어납니다

아, 달콤한 아이스크림처럼
사르르 가슴에 녹아내립니다

그대여

한 여름 태양의 애무는
저 광야를 파랗게 물들이고

당신의 온화한 눈빛과
다정한 말 한마디는
어느새 돌덩이와 같았던
이내 가슴을 녹였습니다

정다운 별빛의 이야기로
은은한 달빛의 사랑으로

당신과 나는 까만 밤하늘을
마음과 마음으로
소곤소곤 수를 놓았습니다

때론 돌부리에 치었지요
막막한 산길에서
거친 가시덤불도 만났지요
그러나 두 손을 서로 마주잡고
고난을 행복으로 알고 살아왔지요

그대여 우리 함께 가요
지난날 푸른 그리움을
가슴에 가득 안고서

삶의 무게 1 – 가장이라는 이유

창밖엔 영하 십 여도
북풍마저 매섭게 붑니다

살벌한 이 아침
그대는 양어깨에 삶의 무게를 가득 지고
첫 새벽을 깨웁니다

살갗 에이는 혹한의 한기(寒氣)는
육신의 마디마디에
아픔과 고통이 더 합니다

가장이라는 이유로
저 산야에 꽝꽝 얼어붙은 돌처럼
그 무거운 짐을
오늘도 홀로 지어야만 하나요

힘내요
언젠가 나붓나붓한 봄의 소리에
세상은 초록 물결 일렁이고

그 숲에서 새들이 나풀나풀 춤을 추고
노래하는 날

그대는 저 새들처럼 콧노래를
부르겠지요

삶의 무게 2

양어깨에 삶의 무게를
가득 짊어진 그대여

한 평생
아슬아슬한 외나무다리와

외롭고 고독한
인생의 고속도로를 끝없이 질주했지요

촛대에 꽂힌 촛불이
제 몸을 불태워 어둠을 밝히는 것처럼

땀방울 맺힌
그대 수고가 있었기에
오늘도 저녁 식탁에
오순도순 이야기꽃이 피어나고

된장찌개 향기가
솔솔 피어나지요

양어깨에 삶의 무게를
가득 짊어진 그대여

날개를 펴라

한 숨 쌓인 책갈피
토익이다 자격증이다
높은 삶의 벽에 허덕이는
이 시대 젊은 아들딸들이여

빛이 보이지 않는 아득한 세상
얼굴에 웃음꽃이 피어야 할 때
짓누른 삶의 무게는
고단한 하루의 일과이다

갈 길을 잃고
빌딩 숲을 맴도는 저 새들처럼
취업의 늪에서 헤매이는
이 땅의 젊은 아들딸들아
네 안에 쌓인 분노는
도도히 흐르는 저 강물에 버려라

칠흑 같은 어둠을 헤치고
파란 하늘을 나는 저 바람처럼
어서 날개를 활짝 펴라
그럼 둥지를 틀
그 날이 올 테이니

이 땅의 젊은 아들딸들아

젊음의 초상

'저 좀 보세요.'

아카시아 꽃은
상긋한 냄새를 솔솔 풍기며
푸른 젊음을 유혹한다

삶의 바다에서 지쳐 버린 영혼들
이미 굳게 닫힌
마음의 문을 열지 않는다

땀 냄새 가득 배인 방 안엔
이리저리 소주병이 나뒹굴고
어둠의 방 안엔 담배 연기만 자욱하다

변명 같지만
절규하는 기타 줄만이 대신해서
말을 한다고 한다
'내 가슴이 이렇게 아프다고…'

기타 줄아 울어라
어서 울어라
네가 울면 그것은 노래이고
젊음의 초상이니까

공연장에서

어둠이 내린 都心
화장을 곱게 한 네온사인은
밤의 여인이 되고

하늘은 무언가 가슴에 가득
우르릉 쾅 번쩍
소나기가 세차게 때린다

청춘이 발산되고
희희 낙낙해야 할 음악 공연장엔
젊은이들 한숨만 가득 차오르고

드럼과 기타 소리는 굉음이 되어
여기 모인 젊은 심장들이
폭발한 듯 하다

청춘이 상실된 절망의 이 시대
기타 줄 여섯 가락은
아픔과 분노 속에…

순간 기타 줄이 흐느껴 운다
창가를 타고 흐르는
빗물은 어느새
내 가슴 깊은 곳에 젖어 흐른다

동백꽃

눈보라 속에
빨갛게 마음을 피우는 동백을
그대는 아시는가

사랑하는 내 분신(分身)들이
저 푸른 상아탑에서
높은 학문과 기술을 연마하였다
그러나 취업의 문은 턱없이 높았다

좌절, 또 좌절
그들은 삶의 의욕을 잃었다
비상도 하기 전에 날갯죽지마저 꺾였다

애달픈 어미는 자식들을 위해
부처님 예수님 천주님께
온몸으로 매달렸다
자신의 죄를 빌고 또 빌었다

간절한 마음과 통곡의 그 기도가
저 하늘가에 닿아서 일까
"엄마 합격 했어요. 회사에"
이 말한 마디

동백은 붉게 꽃이 핀 것이 아니다
그 어미들 두 눈에
방울방울 피 눈물이 맺힌 것이다

숨은 그림 찾기

눈이 내린다
바람결도 차가운데
불광천을 걸어가는
원앙 한 쌍 참 어여쁘다

이 눈길에 네 손 잡아 줄
너의 반쪽은 어디 메에 있느냐
내 아가야

계수나무 그늘에서
떡방아 찧고 있을 저 토끼 한 마리가
네 반쪽이 아니더냐

사시사철 변치 않는
저 소나무의 푸른 기상을 닮은
그 누군가가 네 낭군이 아니더냐

바람을 타고
구름밭을 걸어가는
달님에게 물어나 볼까

아니다
저 하얀 눈밭 속을 걸어
퍼즐의 그림을 찾아나보자

얼굴

저 얼굴은…
나도 모르게 화들짝 놀랐다
거짓 없이 맑고 투명한 거울 속엔
낯익은 모습이 서 있다

봄 마실 할 때부터
순간순간 나는 엄마처럼 늙지 말자
스스로 다짐했었다

언제부턴가
내 머리에는
세월의 그림자가 하얗게

지금은 난초처럼 청초하고 예쁜 내 딸도
삼십년 후
거울 속에 비친 제 모습을 보고
나를 생각하겠지

내 그리움의 노래를

Ⅰ.

기억의 저편
젊음의 모퉁이에서
붉게 타들어 갔던 입술은
강열하게 내리쬐는 햇볕 탓이 아니었다

석양을 머리에 이고 발그레한 얼굴로
나를 기다리던 너의 모습은
아직도 타다 남은 모닥불이 되어
나를 뜨겁게 하였다

첫사랑 이었을까
짝사랑 이었을까
해당화 여울여울 붉게 터지는 날
나를 향한 너의 뜨거운 눈빛은
소낙비 아래 연못가에 폴짝거리는 개구리처럼
내 가슴은 두근두근 거렸었다

Ⅱ.
어느덧 나는
낙엽이 지는 쓸쓸한 가을 숲에 와 있다
자박자박 내게 다가왔던
그 때 네 발자국 소리에
내 가슴 속에는 발갛게 꽃이 피었다고
이제 너에게 고백하고 싶다

너 어디에 사니
아스라한 기억들은
내 젊은 날 초상이 되어
여전히 한 조각 가슴속에 머물고 있는데
너에 대한 그리움이 깊어서일까
먹물처럼 검었던 머리카락은
어느새 그림자로 하얗게 빛바래 가고 있다

달빛이 흐르는 고요한 밤
지워도 지워지지 않은
내 그리움의 노래를

옛 그림자

지워도
지워도
지워지지 않는

그리움에
두 눈을 살며시 감는다
하얗게 잊혀졌던 흑백사진에
총천연색 필름까지 재상영된다

펄펄 끓던
내 심장에 어느덧
아련한 추억 하나
나비처럼 살포시 앉는다

아, 꿈결인 듯
흔적 없이 사라진
옛 그림자여

팔순 엄마의 김장

파란 치마폭
노란 속살에다
엄마는 그리움을 물들인다
빨갛게

여든셋 높은 나이
육신은 병이 들어
앙상한 저 나뭇가지와 같다

눈물 나게 하늘이 맑은 날이다
가랑잎이 이리저리 뒹구는
겨울의 길목에서

머리가 희끗희끗한
며느리 딸과 함께
노랑 빨강 파랑 색색의
양념을 넣어 김장을 한다

오늘 내 가슴속에는
늙은 어머니의 그리움이
또 하나 쌓여 간다

눈물나게 하늘이 맑은 날이다

그리움은 산이 되고 -그리운 아버지

스산한 거리에
낙엽이 뒹굴 때면
되살아나는 아픈 기억들

조금만 더
조금만 더
메마른 가지에 매달려
쌀쌀한 바람에게 애원하는
빨간 단풍잎처럼

풍전등화 생사의 갈림길에서
병마와 싸우신 내 아버지

하루를 더 살기 위해
대전 시내 용하다는
조 내과 임 내과 힘든 발걸음을 하셨지

삶은 덧없는
하얀 연기 같은 것

지금도 그때처럼
가을은 다시 찾아오고 낙엽이 지는데

어쩌라고 내 아버지 무덤가엔
그리움은 산이 되고
금잔디만 무성할까

내가 사는 이유

오후 다섯 시가 되면
내 품으로 돌아올 가족을 위해
행복한 고민은 시작된다

김치찌개를 끓일까
된장찌개를 끓일까
아니야
달콤하게 갈비찜을 해야지
머릿속으로 다양한 요리 목록을 만든다

미역국을 팔팔 끓이고
나물을 달달 볶는다
어느새 집안 구석구석엔
슴슴한 맛의 향기가 가득 배어나고
뚝딱뚝딱 저녁 식탁이 차려진다

하루 종일 그리웠던 눈빛들이다
이것 먹을까
저것 먹을까
젓가락 참견이 한창이다

순하고 착한 마음들이
고단한 하루를 내려놓고
도란도란 이야기꽃을 피운다

오늘 내가 사는 이유였다

2부

•

봄이 오고 있잖아요

봄이 오고 있잖아요

오해는 풀어졌나요
석 달 열흘
싸늘한 뱀처럼 당신의 눈빛과 마음은
냉정하고 차가웠습니다

푸른 솔 위에
보석의 여왕처럼
영롱한 빛이 돌던 잔설은
살금살금 다가오는 저 발자국 소리에
눈물은 어느새 자취를 감추고 있습니다

어 머 귀를 기울이고
저 소리를 들어 보세요
당신 가슴에
봄이 오고 있잖아요

노란 민들레

살아났구나
아득한 저 절벽
돌 틈새에서 파랗게 눈을 뜨고

네가 태어난 곳은
기름진 옥토가 아니었다
물도 없고
흙도 없는
생의 사각지대였다

그 척박한 곳
삶의 모퉁이에서
해맑은 미소로 꽃을 피우니

우리는 절망의 늪에 빠질 때
너를 찬미하고 노래한다
노란 나의 민들레야

유리벽

투명한 유리벽은
푸른 생명들의 잔인한 감옥

봄이 오면
가슴이 더 시리다고
절규하는 슬픈 얼굴들이여

시세우고
다투면서
형형색색으로 피어나는
창밖의 세상을 보며

연분홍 주홍 하양
그 아린 얼굴엔 어둠의 눈동자가
방울방울 맺힌다

미인 선발 대회

빨강 노랑 하양
연분홍 꽃 미녀들이
파란 날개를 나풀거리며
봄의 무대에 오릅니다

비단 옷감을 휘감은
도시의 숙녀들처럼
늘씬하고 미끈한 몸매입니다
우아한 눈웃음은 서로를 시새우 듯
당당하고 힘찹니다

파란 풀 섶에서 노란 얼굴이 보입니다
한적한 오솔길에서 꽃샘바람을 헤치고
봄소식을 전해 준 민들레입니다

그렇지요
저 잘날다 날뛰는 세상
내 시누이처럼 순박한
이 민들레꽃에게
왕관을 씌워 줄까 합니다

이 봄날에

누가 흔들었을까
노란 산수유와
순백 매화의 미소를

누가 흔들었을까
돌처럼 굳어 버린
늙은 이 나무의 마음을

봄비 한 방울은
새 생명의 양수가 된다
여린 새싹들은 아우성치며
파란 얼굴을 쏙쏙 내민다

지난 세월 매섭게 불어닥친
태풍 태문일까
삭풍 때문일까

늙은 나무 한그루
먼 하늘만 쳐다보며
아, 이 봄이 너무 아프다

꽃들의 전쟁

꽃들의 전쟁이 한창이다
피가 터진다
노랑 빨강 하양 요염한 저 얼굴에
살랑살랑 춤사위까지

때마침 봄의 왕자
호랑나비 한 마리
푸른 창공에 유유하다

봄볕은 비타민인가
타오르는 욕정에
여인들 두 눈마다 불꽃이

아양스런 몸짓
얼굴은 더 화사하게
분 향내는 솔솔
예서제서 팡팡 꽃들의 전쟁이 한창이다

유순한 민들레는
그저 먼발치에서 미소만 짓는다

탄생

미명(未明)은
어둠의 발자국을 재촉하고

첫 새벽에 아우성치며
새 생명이 탄생을 합니다

삶이 제아무리 각박하고
절박하여도

따사로운 사랑의 손길이 있으면
세상은 훈훈해집니다

때론 꽃샘바람이 불고
찬비가 내리겠지요

그러나
우린 저들의 바람막이가 되고
우산이 되어줍니다

저 가녀린 잎새가
나풀나풀 춤추고
꽃 대궁이 실할 때까지

진달래 1

봄볕이 화사한 오후
남루한 외투는 벗어던졌다

사뿐하게 새 옷을 갈아입고
봄의 거리를 나섰다

햇살처럼 은밀하게
바람처럼 달콤하게
이 가슴 속을 파고드는
그대는 누구인가

어느새 두근두근
얼굴은 볼그스름하게

속마음을 들킨 숫처녀처럼
얼굴이 확 달아오른다

진달래 2

자박자박
임의 아련한 발자국 소리가
저 멀리서 들리네요

겨우 내내
애간장이 타도록
보고 싶고 그리웠던 그 마음이네요

겨울 강 건너
그대 숨결이
이 가슴에 머무르는 순간

얼굴은 화끈화끈
젖멍울이 이렇게 부풀어 오를 줄
예전엔 미처 몰랐어요

어쩌면 좋아요
봄바람이 살살
내 마음을 또 흔드네요

진달래 3 –봄의 창가에서

농 짙은 태양의 눈빛에
황홀한 꽃의 향기 나풀거리고

검은 몸에 흰 속살을 훤히 드러낸
진달래꽃은 부끄러운 듯
얼굴을 발갛게 물들인다

짓궂은 바람은
그 마음을 살살 흔드니
온 산은 다홍치마 물결이다

봄비 마른자리에
노란 마음
하얀 마음
붉은 마음
곱고 고운 색색의 마음들이

삶의 무게에
돌무덤이 되어 버린 이내 가슴
언제 다시 한 번 꽃을 피우려나

벚꽃 1

순백의 등불을 켜고
봄 길을 걷는
여인이여

그대의 눈부신 자태
어느새 온 몸에
하얀 나비가 날고

황홀한 애무는
일장춘몽 이었던가
꽃샘바람 시샘에
고운 꽃잎은 우수수

아, 서러운 눈물이 되어
메마른 자리
까만 흔적 하나 매달렸네

벚꽃 2

왜 몰랐을까
꽃그늘 아래서
촉촉이 젖은 너의 눈시울

왜 몰랐을까
살포시 피어나는 순간
그 쓸쓸한 미소가
이별이라는 걸

왜 몰랐을까
창백한 그 얼굴이
검은 그림자가 된다는 걸

벚꽃 3

초례청에 선
순백의 신부 얼굴에
이슬비가 내린다

그리운 임
두 눈에 채 담기도 전에
하얗게 떨어지는 슬픈 영혼들이여

상처 때문일까
미풍(微風)에도 입술을 파르르 떨며
파랗게 물들어 가는

때마침
지나가던 황소바람도
우 우 소리를 내며 운다

서러운 듯
저 영혼을 위로하며

벚꽃 4 – 불광천에 핀 벚꽃을 보며

깔깔깔 웃음보가 터졌나
순백의 아가씨들
하얀 그리움을 한없이 날리네
봄의 여신이여

어쩜 저토록
망울망울 맺힌 눈망울이 어여쁠까요
사랑스러울까요

그러나 아직 피우지 못한
어두운 얼굴 하나
갈색 미소가 나를 아프게 하네요

아파하지 말아요
올해가 아니면 어떠하고
내년이면 어떠하리오

악취가 진동하던 불광천에서
새 생명이 잉태되고
탄생하는 것처럼

때가 되면
그 얼굴에 웃음꽃이 필거예요
그렇지 않나요

아파 우는 나무야
사랑하는 내 벚꽃 나무야

벚꽃 5

기적이었다

언제부터였던가
깨끗하게 정화된 물에
천둥 오리 원앙이 새둥지를 틀었다

산처럼 쌓인 쓰레기 더미
악취가 진동하던 불광천
우리가 외면했던 곳

그 죽음의 땅에
마구 버려진 쓰레기를 줍고
온갖 꽃을 심었다
또 생명을 심었다

생명수가 다시 흐르고 있다
해마다 봄이 되면
벚꽃 나무는 가지마다
눈꽃처럼 하얗게 꿈을 키우고

달빛이 은은한 사월
벚꽃 터널에선
애정이 꽃피고 있다

맥박은 다시 뛴다

겨우내 얼어붙은 혈관 속으로
맥박은 다시 뛴다

메마른 나뭇가지에
이슬이 맺힌 까닭은
어젯밤에 내린 봄비 때문 일거야

아니야
암흑의 동토에 비친
한 줌의 햇빛 때문일 거야
환희에 찬 눈물일 거야

살기 위해 일어나리라
내 작은 숨결이 요동친 거야

겨우내 얼어붙은 혈관 속으로
맥박은 다시 뛴다

첫사랑

황혼이 곱게 물든
저녁 창가에 앉아

두 눈을 살며시 감으니
아스라이 밟히는
옛 추억의 그림자 하나

봄이 오면
꽃망울이 톡톡 터지듯

소녀 앙가슴이
꽈리처럼 부풀어 오를 때

가슴 깊이 아로새겨진
뜨거운 그 눈빛

세월이 강물처럼 흐른 지금도
무시로 떠오르는
옛 추억의 그림자여

오월의 노래

수풀 냄새 싱그러운
오월 골짜기에서
깊은 상념에 잠긴다

지난날 차가운 시선 속에
저 홀로 꽃잎이 피고 지는
아픔과 고통을
언제 저토록 깊게 뿌리를 내렸을까

유리처럼 투명한
하늘을 향해 펄럭이는
저 푸른 깃발을 보았는가

오월만 같아라
하얀 꿀단지를 주렁주렁 매단 아카시아는
감미로운 향내를
온 세상에 아낌없이 선사하고

성질 까칠한 빨간 넝쿨 장미도
축포를 팡팡 터트리지 않는가

초록 물결 파도치네
새소리 물소리
바람소리 모두 하나가 되네
상큼한 오월 향기에
나도 한번 취해 보네

시 계 풀

시계 풀 하얀 꽃 얼굴에
노랑나비가 앉아 있다
내 추억도 함께

한 평생을 땅 바닥으로
기어야만 하는 운명
하늘을 향해 일어 설 수가 없다
작은 혈관을 타고 흐르는
질긴 생명력이다

모진 세월 좌절하지 않았다
시퍼렇게 멍든 가슴에
순백의 꽃도 피웠다

어린 시절 채 여물지 않은 작은 손목엔
롤렉스시계보다
더 멋진 명품 시계가 있었다

그때 그 자리
싱그러운 꽃향내 맡으며
노랑나비가 나풀나풀 춤을 춘다
한 소녀와 함께

그리움

작별을 한
나뭇가지에서 파릇파릇
잎사귀가 돋아난다

아직 겨울의 여독도 풀리지 않았다
파랗게 눈을 뜬 잎 새들은 아우성치며
어느새 그 빈 가슴을 더듬고 있다

꽃샘바람이 분다
파르르 떠는 어린 잎새들을
저 메마른 가지에 품은 안타까운 저 모습
아, 가난했던 내 어머니 생각이 난다

어린 자식에게
빈 젖가슴 모두 다 내어 주고
봄이 되면 늘 허기졌던
가여운 그 모습이

경인년 민들레야

민들레야
별빛도 달빛도 없는
동토의 어둠 속에서
헤아릴 수 없는 긴긴 날을
불굴의 생명력으로 잘 견뎌냈겠지

민들레야
지금 창밖에는 감로수 같은 봄비가
촉촉이 내리는구나

어머니 자궁 문을 박차고 나온 아기처럼
길섶에서 밭둑에서
짓눌린 흙더미 속을 헤집고
너도 여린 잎새 쏙 내밀며
다시 태어나겠지

어서어서 누런 떡잎을 제치고
꽃을 피우려무나
생명의 꽃을 피우려무나

지금 취업의 늪에서 고통 받는
이 땅의 젊은이들 가슴에
그 어미들 가슴 가슴에
삶의 빛과 희망을 주려무나

경인년 민들레야

3부

•

가슴에 그 빛을 담아서일까

우물

퍼내고 싶다
내 고향 우물 속에
잠든 그 전설을

반백년
새처럼 작은 가슴 속에 묻어 두었던
한 소녀의 비밀 하나까지

오뉴월 긴 장마와
오랜 가뭄에도
넘치지도
부족함도 없는 기적의 생명수

순하고 착한 마음
너무 맑고 깨끗하기에
흐르지 않아도 결코 썩지 않는

얼었던 대지에
파랗게 새싹이 돋고
이 땅에 꽃들이 벙글거리면

그 깊은 가슴 속에
숨어 있는 전설
한 바가지 퍼내고 싶다

돌 틈 속에 자란
세월의 이끼는 지금도 기억 할까
한 소녀가 우물에 풍덩 빠졌던 것을

봉숭아 1

이슬비가 촉촉이 내리는 날
어머니 분가루 같은 고운 흙에
봉숭아꽃을 심는다
내 그리움도 심는다

나 어릴 적 부엌 모롱이에서
봉숭아 붉은 꽃잎으로
여덟 살 소녀 손톱을 빨갛게 물들이고

아주까리 초록 이불 덮어
스무 살적 처녀 가슴을
아련하게 물들이던 봉숭아꽃이었다

삶의 덫에 갇혀
세월 속에 잠들었던
내 그리움의 그림자여

해 저문 저녁녘
해바라기 꽃, 나팔꽃들이 서성이는
흙구덩이 속에서 낯익은 너를 보니
내 가슴이 먹먹해진다

세월이 휘감고 간 골진 손가락 이었다
그리움에 울컥 울컥
붉은 피를 토해 낼 때
열에 열 손가락
저녁노을이 붉게 물든다

봉숭아 2

잡초 무성한 마당가에
장마 비가 주룩주룩 내립니다

그리운 임 기다리 듯
맨드라미 봉숭아 채송화는
먼 하늘만 바라다봅니다

또 다시 내리는 굵은 빗줄기에 그만
봉숭아꽃 눈동자엔
붉은 눈물이 가득 고입니다

이 장마가 끝나고
날이 반짝 개이면

빗물에 젖고
눈물에 젖은 나팔꽃이
저 담벼락 아래서
고향집 앞마당을 향해
절절하게 나팔을 불겠지요

고개 숙인 붉은 맨드라미도
슬픈 모가지를 쑥 내밀고
풀잎들은 바람에 파르르
다시 일어서겠지요

봉숭아 3

오뉴월에 쏟아지는
뜨거운 저 빗물은
누구의 눈물인가

빛바랜 청기와
높은 집 너른 마당
발길 없는 고택엔 잡초만 무성한데

숨어 핀 봉선화는
떠난 임이 그립구나
아, 붉은 눈물 흘리누나

궂은비 내리는 날
옛 임이 그리워서
나 이곳을 찾았는데

지나는 바람 뿐
곳곳이 허무하여
발길을 돌리려 하니

하얀 불도화는 눈물로 꽃을 피워
주인 없는 대청마루
하염없이 쳐다보네

태풍 볼라벤 1 –상처 난 감나무

파란 불꽃을 일으키며
활활 타오르는 장작불처럼
삶이 절정에 이르는 순간
이 몸을 뒤흔드는

어제는 태풍 볼라벤이
내 육신을 갈기갈기 찢어 놓았다
보석 같은 푸른 분신들을 눈물로 앗아갔다

사악한 마음에
비움도 없이
나눔도 없이
온 몸엔 탐욕의 열매를 주렁주렁 매달았다

그러나 땅을 치고 후회한들 무엇하랴
나는 지금 상처 난
한 그루 감나무일 뿐

아픔 뒤에 깨닫는다
바람이 가르치는 진정한 의미를

---

*태풍 볼라벤 (2012.8.27.)

태풍 볼라벤 2

깊은 밤 고요를 흔드는
태풍 볼라벤

가슴에 맺힌 원한이 그 무엇이기에
저토록 몸부림을 치며
세상을 초토화 시키는 걸까

총과 대포
다량의 무기를 든 군사도 아니건만
그러나 두렵다

그렇지
말간 유리벽에
신문 부적을 부쳐야지

아름다운 미담과
양심의 소리가 오글오글
선과 악이 함께 공존하는 작은 지면(紙面)에

무법자 태풍 볼라벤도
인간의 선한 숨결에는
드센 꼬리를 살며시 내린다

태풍 볼라벤 3

세상이 요동을 친다
보이지 않는 저 몸짓 때문에

더 여물어야 할
산야의 수풀들은
뼈마디와 살결들이 찢기우고

한 시절을 노래하던 새소리와 풀벌레 소리는
더 이상 들리지 않는다

오직, 우르르 꽝
지축을 울리는 굉음 뿐

그러나
먹구름을 뚫고 홀연히 일어난
저 태양의 강열한 눈빛 때문일까
그 분노 빛이 온 세상에 발사되는 순간
태풍 볼라벤은 날개를 잃었다

예서제서 삶의 노래 소리가 들린다
이 세상에서 가장 아름답고 평화로운
사랑의 하모니이다

플라타너스

강렬한 태양이
저 땅 끝까지 스며들면

길섶 민들레 질경이 잡초들의
여린 입술들은
바싹바싹 타들어 갑니다

늙은 내 몸은
이 고통을 참고 견뎌 내야만 해

저기 좀 봐라
불덩이처럼 달구어진
저 자갈밭을 쇠똥구리가
떼굴떼굴 굴러 가잖니

아기 나무야

장 마

하늘이 구멍 났다
여남은 날
줄기차게 쏟아지는 굵은 빗줄기

나뭇잎은 푸른 골짜기를 타고
폭포수처럼 흘러내린다

칠월에 철철 내리는
저 장대비를
뜨거운 내 가슴에 안으리

살다 살다 지쳐
가슴 속 멍울이 시커멓게 타들어 가면

그 빗물은 쓰디 쓴 내 심장에서
삶의 고랑을 타고
흘러내릴 테이니

가슴에 그 빛을 담아서일까

풀벌레가
아귀차게 울어대는 한여름 밤

먼 하늘 별 밭에선
황금빛 전설이 쏟아지고
우리들 가슴엔 보랏빛 꿈들이
알알이 영글어갔지

이슬 내린 마당에
모닥불 피워 놓고
작은 새가 되어 노래를 불렀지

돌돌 흐르는 시냇물 소리와
풀벌레 소리는 어느새 하나가 되고
밤하늘의 별빛은
더 영롱하게 빛이 났지

어릴 적 가슴 속에
고운 풀잎과 꽃잎
가슴에 그 빛을 담아서일까

아직도 내 귓가엔
풀벌레 소리가 쟁쟁하다

시골집

시누리 마을
높고 푸른 기와집

넓은 마당
파릇하게 잔디 돋우면

뒤 곁 앵두나무 입술은
빨갛게 물들고

오늘도 빗장 걸린 빈집에
혼자 노는 아기 다람쥐

---

*시누리 마을 : 대전 서구 용촌리의 시댁

빗방울

이제 떠나가렵니다
저 산골짜기 가슴에
물안개 서려 있는 지금

메마른 하늘 밭에
새하얗게 구름 꽃이 피고
산들바람이 불면

그대와 나 이별의 순간
흔적이 없기 때문입니다

지난여름 불꽃같이 사랑했던
그 여운은 가슴에 고이 간직하고

이제 떠나가렵니다
깊게 파인 고랑을 타고
세월의 강물이 되어

그대와 함께
저 바다 끝까지

호박꽃 1

춤사위가 요란하다
넌출넌출 흙 담장을 타고

살갗은 까칠까칠하지만
마음만은 유순한
호박 넝쿨

참 못생겼다
호박꽃도 꽃이 아니더냐
변죽을 울리지만

이 땡볕에 꿀벌이 찾아오고
고추잠자리도
머리끝을 맴맴 도니

어찌 천하일색
양귀비가 부러울까

불타는 태양 아래
호박꽃 얼굴은 점점 농익어가네
발갛게

호박꽃 2

이른 아침이 되면
우리 집 마당을 기웃거렸던
이웃집 호박 넝쿨

토담에 턱을 괴고
트랜지스터 라디오에서 흘러나오는
연속 방송극 때문일까

아니다
분꽃을 따서 곱게 꽃단장을 한
갈래 머리 내 언니 얼굴이 보고파서 일게다
바람의 수군거림 속에서도
이 가슴이 콩닥거렸던 것은 웬일일까

거미가 집을 짓고
채송화 봉숭아 접시꽃이 곱게 피던
내 집 마당가는
이제 잡초만 무성하다

해가 뉘엿거린다
저 멀리서 들려오는
노란 호박꽃 저녁 나팔 소리가
내 가슴의 울대를
아련하게 울리누나

파 도

바다의 숨소리가 거칠다
흰 거품을 일으키며

금강에서 낙동강에서
그리고 한강 영산강
물길 따라 흘러왔건만

그들은 끝내 화합을 하지 못하고
하나가 되기 위해 저토록 몸부림을 친다

네 편 내편으로
아우성치는 이분법
욕망으로 썩어가는 악취에
결국 바다는 온 몸으로 분노했다

거대한 물기둥이 하늘로 치솟았다
살갗이 산산이 찢기어졌다
거센 소용돌이 속에
아픔의 살을 섞어가며
서로를 보듬었다

잔잔한 물결 위에
태양이 힘껏 떠오른다
고요가 잉태되는 환희의 순간이다

그 바다에 가거라

네 안에 분노가 가득 차면
푸른 살결이 유혹하는
그 바다에 가거라

저 높은 곳에서
고달프게 노동한 후
한잔 술에 취한 채
수평선을 발갛게 물들이는 태양이 있다

삶은 고된 것
한 마리 생선은 성난 파도가 잠들 때까지
은비늘 파득거리며
거센 물결 속을 헤맨다

출렁이던 바다는 고요를 찾았다
어머니 마음이 되었다
수천 년 수만 년
흰 거품을 삼키고 토해 가며
세상 모두에게 그 가슴을 열었나니

부글부글 끓어오르던
내장(內臟)의 열기도
그 푸른 살결로 잠재우리라

4부

•

들꽃을 피우고 싶다

가을의 상념

눈이 시리도록
맑디맑은 가을하늘
새털 같은 저 새하얀 구름
어디로 흘러갈까

가을 문이 열리니
여름 들녘의 푸른 함성은
이슬처럼 사라지고
따가운 햇살에
알곡들은 알알이 영글어가네

소슬한 바람
하늬바람 불어오네
야속한 세월에 그대 머리에는
은빛 물결이 무심하네
아, 아련한 내 마음이여

코스모스 애잔한 미소
이 가을도 저무누나

가을 이야기

노란 국화꽃 향기가 부르는
가을 들녘에서
그리운 벗을 만났다

삶의 바다에서
우리는 한 마리 생선이 되어
파드닥 파드닥
거친 파도 속을 헤치며 살아왔다

드높아진 가을 하늘엔
목화 꽃이 몽실몽실 피었다
순간 우리들 얼굴에도
웃음꽃이 활짝 피었다

노란 은행잎과 색색으로 물든 나뭇잎들이
해 저문 길섶에서
도란도란거리는 듯하다
퍼내도, 퍼내도 마르지 않는 샘물과 같이
끝없는 우리들 이야기같이

세월의 흔적이 있었다
네 머릿결 위에
내 얼굴 위에

어느새 빨간 단풍잎이 손을 흔든다
잘 가라 쓸쓸한 미소 뒤엔
너와 나의 두 눈에
아름다운 이슬이 맺히누나

코스모스

발길조차 없는
쓸쓸한 밤입니다

가을비는 추적추적 내리는데
촛대처럼 긴 목에 흘러내리는
빗물이 오늘따라 시립니다

길섶에 그리매 안고
어둠 속 풀잎들이
제 빛을 잃어 가는 까닭은
스산하게 불어오는 가을바람 때문일까요

비가 내리는 어둠의 밤
달빛이 길을 잃고 헤매 일 때
나는 길가에서
가득히 꽃을 피우렵니다

꽃잎마다 꽃등을 매달아
들녘을 거니는 외로운 나그네에게
달빛인 양 등불을 밝히렵니다

가을은 깊어 가고

구절초여

네 입가에
쓸쓸한 미소 지으니
어느덧 가을은 깊어가고

저 산야에 아로새긴 푸른 그리움
찬바람 스치니
더 새록새록 하구나

울적한 마음에
그리운 벗을 만났다
바람결에 한 잔 술을 나누나니

우리가 취한 것처럼
저산 얼굴도
붉게 물이 드는구나

단풍잎 1

이제 작별의 순간인가
붉은 수의를 걸친 입가엔
슬픈 미소가 맴돌고

찬바람이 메마른 육신을 흔들 때마다
불꽃같았던 生이
하나 둘씩 떨어진다

어디서 날아왔을까
물안개 자욱한 차디찬 저녁 강물엔
빨간 넋 하나 떠 있다

빈 창공(蒼空)엔
철새 한 마리 휘적휘적

잘 가라
길섶에 갈대는 하얀 손을
하염없이 흔들고 있다

단풍잎 2

속내를 감추려
감추려 해도
자꾸만 붉어지는 얼굴

시린 가슴에
그리운 임 소식을
가을바람이 살짝 전해서일까

아마 하얗게 잊혀졌던
옛 생각에 울컥
얼굴이 붉어지는 걸거야

단풍잎 3

단풍잎이 떨이요 떨이
재고가 이제 조금 밖에 없어요

갈 길이 바쁜 가을이
다급한 목소리로 떨이를 외친다

찬바람도 나뭇가지를
마구 흔들고 간다

스산한 거리엔
그 고왔던 얼굴들이 이리저리 뒹굴고

발가벗은 채 나뭇가지에 매달려
혼신을 다하는 마지막 잎새

그 가여운 잎새를
마치 바겐세일이나 하려는 듯
우 웅 된바람이 마구 호객 행위를 한다

단풍잎이
떨이요 떨이

들꽃을 피우고 싶다

가을빛은 늘어지지 않는
바쁜 발걸음이다
숨가쁜 가을 들녘에 빗방울 한 방울
오곡백과에 색깔을 물들인다

덧없는 인생
가을빛처럼 빠르게 담박질하여
이곳에 오지 않았던가

푸른 산들은
불볕이 쏟아지는 여름 내내
축축하게 젖은 짐을 등짝에 지고
이제서야 그 무거운 짐을
저 가을 산에 부려 놓는다

나뭇잎과 풀잎들은 제 가슴 속에 쌓인 응어리를
이 계절에 서리서리 풀어 헤친다
마치 붉은 피를 토하듯

하늘은 높아졌다
파란 수채화 물감을 뿌린 듯
그곳에 목화송이가 새하얗게 꽃을 피우 듯
나는 이 계절에 꽃을 피우고 싶다

가시 돋친 붉은 장미는 싫다
가을 들녘에 핀 들국화가
바람결에 휘날리는 진한 향내가
사람들 가슴 가슴에 머무르는
그런 들꽃을 피우고 싶다

낙엽

대롱대롱
나뭇가지에 매달려
더 이상 삶을 지탱 할 수 없는
마지막 잎새

찬 서리 내리고
비는 추적추적 내리는데
바람마저 세차게 분다

누추한 목숨이지만
더 살고 싶어 할딱거리는데

바람은 어찌 저리도
매몰차고 쌀쌀할까

바싹 마른 가슴
오늘밤도 목 놓아 운다
바스락 바스락

가을 들녘에

생존을 위해
지난여름 내내
치열한 전투장이 되었던 그 들녘

어느덧 매미 소리 아득해지니
푸릇푸릇했던 얼굴들은
제 색깔로 물들어 가고 있다

계절은 말없이 황혼으로 저물고 있다
오늘따라 살갗에 스치는 소슬바람이
선뜻선뜻해서일까
지난 한세월의 그림자가
너무 그리워서 일까

각자의 빛깔로 물들어 가는
이 가을 들녘에 내가 서성이고 있다

마음씨 좋은 허수아비의
너털웃음과 함께

골목길

문득 잊혀졌던 소리가
저 멀리서 들리네요

신문이요
고학생이 힘찬 목소리로
첫 새벽을 깨우면

따르릉따르릉 자전거 소리
철커덕철커덕 엿장수 가위 소리
온 종일 가난한 발자국소리가 샘물처럼 고인
삶의 우물터 소리였지요

달빛 아래 지붕에선
개구쟁이 조롱박들이 달그락
달그락 소리 없이 익어 갔지요

쉬, 새침 떼기 언니가
애정의 꽃을 남몰래 피우네요

밤하늘 별들의 눈동자가 반짝반짝
얼레리 꼴레리

지금쯤 고향 길 담벼락 아래
가을 국화는 볼그레한 그 입술로
무슨 말을 하고 있을까요

벼

뼈마디 하나 없이
가녀리고 연약한 육신이여
물이 흥건한 진흙 바닥에
긴 발톱을 숨긴 채

불덩이가 내리쬐고
태풍에 비바람 불고
목숨마저 위태로울 때

쓰러졌다 또 쓰러졌다
다시 일어서기를
아, 생명의 꽃을 하얗게 피운다

거친 바람의 세상을 향해 굴복하지 않는
저 꼿꼿한 자존심은
자식을 위하는
이 땅 아비의 거룩한 마음과 같다

時와 때를 알아
알곡이 누렇게 익어갈수록
다소곳이 고개를 숙이는

이 가을 출렁이는
저 황금빛 들녘에
알알이 맺힌 삶의 결정체는

아, 거룩한 눈물이어라

콩 타작

햇살 좋은
가을마당에서
콩 타작을 한다

멍석에 바싹 마른 콩대가
나란히 누워 있다
도리깨로 탁탁 내리치니
아 야 소리를 친다

순간 땡글땡글한
눈깔들이 톡톡 튕겨 나온다

메롱
나 잡아봐라

대지

비가 내린다
가을비가 내린다
싸늘하게 식어 버린 빗방울 한 방울
고단했던 삶의 무게를
내려놓으라 한다

지난여름
이글이글 타오르는 태양의 열기에
온몸은 검은 숯덩이가 되고

긴 장마와 천둥과 번개
육신은 온통 상처투성이지만
그 아린 가슴에
푸른 생명을 품어 안았다

아, 그 아픔의 자리에
소리없이 가을이 찾아왔다
형형색색 세월을 물들인다

마치
늙은 내 어머니의 육신처럼

가 을 비

가을비가 주룩주룩 내리면
들녘에 널려진 가을걷이에
어머니 종종 발걸음은 시작이 됩니다

주렁주렁 열린 청포도
여름을 태우며 검게 익어가듯
열기 가득한 들녘에서
시커멓게 가슴을 태운 어머니
고단한 얼굴이셨습니다

그렇지요
당신은 가을비 내리는 날
어두운 길가에서 등불이 되어
꽃을 피운 코스모스 꽃이셨습니다

가을이 오면
당신의 빈 가슴이 더 그립습니다

가을 향기
시어머니의 향기가 가슴에 절절하면
당신은 새털처럼 가벼워진 저 흰 구름을 타고
청국장 향기가 되어
우리 코끝에 다가올 테지요

가을빛 옹달샘

푸른 달빛을 담고 있는
유리알 같은 저 얼굴에
서늘한 미소가

어느새
스산하게 다가오는 발자국 소리
산새 울음도 애처로워라

가을 향기에 취한
바람의 나그네
갈피를 잡지 못한다

삶의 미련이 아직도 남았을까
이승을 맴돌던 빨간 넋 하나
싸늘한 가슴에 품어
동동 떠 있네

갈대 1

황혼이 물든 가을 들녘에
낙엽이 한 잎 두 잎 걸어간다

들꽃은 이미 퇴색해져 가고
향기마저 머물지 않은 이곳에

뼈마디가 앙상한 하얀 갈대 한 쌍
서로의 눈빛이 애절하다

양 어깨가 흔들릴 때마다
보듬고 살아온 세월 이야기
어쩜 저리도 다정할까

가을 햇살에
그리움이 하얗게 물든
저 머릿결도 참 아름답구나

차갑게 바람이 분다
서로 마주 잡은 손길이 있어
이 늦가을 오후가
쓸쓸하지는 않겠지

갈대 2

떠나가리라
귀뚜라미 울음소리가
사무치게 쓸쓸한 날

떠나가리라
흰 구름은 벗을 삼고
이내 몸은 바람의 홀씨 되어

떠나가리라
한 시절 푸른 그리움은 가슴에 안고
바람이 가는 대로 훨훨

갈대 3

누가 우리를
연약하다고 했던가

척박한 길섶이나
질펀한 강가에
힘겹게 뿌리를 내린

부자 동네 울창한 숲에 사는
큰 나무들이 부럽지 않다

보라, 지난여름
태풍의 소용돌이에서
큰 나무들은 밑동이 와르르 무너졌지만

절망
그 순간에도 혈관을 타고 흐르는
따스한 온정이 있어
홀연히 일어났다

바람이 세차게 불면
하얀 날개 깃털을 세우고
우르르 하나가 된다

누가 우리를
연약하다고 했던가

나루터를 향하여

굽이굽이 흐르는 저 강물은
어디서 시작되었을까
바위 틈새일까
나무뿌리일까
아니다 내 어머니 눈물방울 일게다

어느 봄날
졸졸 흐르는 시냇물 위에
바람결에 흩어지는 꽃잎을 실었다
인생의 나루터에서
서성이는 내 마음도 실었다

모진 세파 속에
어느덧 강물은 파란 하늘과 한 몸이 된 듯
이 가을날에 더 짙어져 흐른다

잘 가라 손수건을 흔드는 듯
하얀 갈대들의 쓸쓸한 미소에
이제 강물은 소리 없이
마지막 나루터를 향해 떠난다

차가운 밤을 밝히는
조각달을 싣고
술에 취한 단풍잎을 싣고

창밖에 낙엽은 지는데

찬바람 불고
낙엽은 지는데
우리 집에 귀한 손님이 왔다
예쁜 천사가

가족 등록부에 잉크도 채 마르지 않은 아기
며칠 동안 그 조그만 녀석 때문에
적막과 냉기만 도는 넓은 집안에
파란 물 같은 생기가 넘쳐흘렀다

반짝이는 눈동자
초록 물 같은 눈망울
고사리 같은 손가락
웃으면 웃는 대로
울면 우는 대로
아, 신비롭고 경이롭도다

아기를 품에 안아 과거의 나를 보았다
겹겹이 닫힌 커튼 사이로
세월의 창을 하나씩 열었다
총천연색 필름이 스쳐 간다

어느새 마음은 한여름 광야를
내달리고 있었다

어디선가 아기 우는 소리가 들린다
메마른 내 유두에서 젖이 흘러내린다
잊혀진 젖비린내
그리움의 향내가 몸에서 난다

---

*종손(從孫) 우진이가 처음 우리 집에 온 날

마지막 잎새

찬바람이 분다
뿌리 깊은 이 몸도
이토록 흔들리는데

어쩌라고 그늘진 돌 틈새에서
작은 꽃들이 실눈을 뜨고

꽃잎이 다 피기도 전에
찬란한 세상 기억도 하기 전에

살 떨리는 이 한파에
얼마나 저 여린 몸이 춥고 두려울까

옷을 벗으리라
하늘도 얼고 바람도 세차게 부는 오늘

내 몸에 걸친 마지막 잎새를
저 여린 꽃잎에게 덮어 주리라

5부

•

누가 밟았을까

첫 눈 1

누가 밟았을까
눈부시게 반짝이는
새하얀 첫눈을
이 새벽에

누가 밟았을까
세상이 내린 귀한 선물
순결한 영혼을 더러운 악마에게
짓밟히는 순간
깨어지는 생명력
녹아져 버리는 살갗

누가 밟았을까
몸부림치며 흐느끼는 저 소리
상처받은 영혼이 하늘을 향해
서럽게 우는 저 모습을

누가 밟았을까
눈부시게 반짝이는
새하얀 첫눈을
이 새벽에

---

*나영이 폭행 사건을 보고 (2008년 12월)

첫눈 2

혼탁한 세상에
살포시 내려앉는다

때묻지 않고
오염되지 않은 너의 순결
너의 영혼이

먼 하늘가
꽁꽁 얼어붙은 구름밭에서
몽실몽실 목화 꽃처럼
새하얗게 피어나
가난한 가슴을 포근히 덮는다

아, 환희의 첫눈
너는 영롱한 아침 이슬처럼
깨어나지 않는
순결한 몸이어라

눈꽃

빛은 있으되
따스한 온기가 없는
차가운 이 땅에

먹구름을 뚫고
하얀 꽃송이가…
와 탄성을 부른다

그래 이 추운 겨울에도
꽃은 피는거야

산에도 들에도
우리들 마음에도
목화솜처럼 포근하게

산정호수 -겨울 나그네

눈이 하얗게 덮였다
궁예의 못다 이룬 한이
뜨거운 그 눈물이
하얀 전설이
저 심연(深淵)에 무수히 잠들었다

호숫가 찻집에서
우수에 깃든 나그네는
깊은 상념에 잠긴다
달달한 커피믹스 한 모금을 마시며
먼 산을 하염없이 바라다본다

바람마저 사납게 분다
나뭇가지는
이파리 한 잎도 걸치지 않았다

안타까운 마음이
어찌 꽁꽁 얼어붙은 호수의 마음뿐이랴
아마 정처 없이 떠도는
나그네 마음이 아닐까

은세계에 석양이 비추니
호수의 얼굴은 어느새
발그레한 빛이 돈다

새하얀 눈을 밟으며

흰 눈이 내린다
고삐 풀린 바람은
빈 나뭇가지를 사정없이 흔들고

구조조정의 칼바람은
이 땅의 가장들 가슴
가슴 속에 파고든다

해는 서산으로 지는데
어디로 가야 하나

쨍하고 해 뜰 날이 오겠지
땡그랑 땡그랑 제야의 종소리
온 세상에 울려 퍼지면
미소 잃은 그대 얼굴에도 웃음꽃이 피겠지

어둠 걷힌 새해 아침엔
희망의 나팔 소리 힘차게 들리고
태양은 불끈 솟겠지

새해 아침에
새하얀 눈을 밟으며
희망의 종을 한 번 울려볼까
땡그랑 땡그랑

겨울 강

하얗게 눈 덮인
겨울 강 언덕에

뽀얀 물안개
아침 햇살 머금으니
이슬처럼 사라지네

세차게 불어대는 차디 찬 바람은
마디마디 얼어붙은
푸른 솔을 흔들고

눈물 속에 묻어나는
삶의 향기여

이내 가슴 녹이고
저 강물도 녹일까

구들장

Ⅰ.
한 세월
시골 집 안방에 누워있는
검은 구들장

아궁이 깊은 곳에선
장작더미가 활활 불타고 있는데

미동도 하지 않고
뜨겁게 뜨겁게
제 몸을 달구었다

Ⅱ.
낯선 땅에서 비바람이 불어
눈물나게 외로운 날이면
어머니 품이 그리웠고

한겨울에 눈보라치는 밤이면
따뜻한 아랫목이 더욱 생각이 났다

꽃도 저 홀로 피었다지는
적막한 내 고향집

구들장은 얼마나
우리를 또 기다렸기에
지금은 저렇게 냉가슴이 되었을까

아궁이

여름내 깊은 잠을 자던
아궁이 코끝을 바람은 살살 흔든다

긴 하품을 한 아궁이는
마치 굶주린 이리떼가 되어
그 검은 속내를 드러낸다
큰 주둥이를 벌린 채

성냥 꼬투리에 붙은 유황이
붉은 입술을 파르르 떨며
힘없이 사그라진다
순간 파란 불꽃은 서서히 피어오른다

솔가리 삭정가리를 삼킨
욕망의 불꽃은
시뻘건 혓바닥을 날름거리며
사정없이 타들어간다

아, 어찌하면 좋을까
아궁이 저 깊은 곳엔
여리디 여린 푸른 솔이 있는데

꼭 기억할게

매몰차게
네가 떠나던 날

하늘도 얼고
땅도 얼고
내 눈물도 얼었다

새해 첫날
설레는 마음으로
보석보다 더 귀한
신묘년 너를 내 품에 꼭 껴안았다

불면 날세라
혹여, 놓치면 다칠세라
늘 조심조심 했었다

이제
이 가슴에 허무를 남기고
냉정하게 떠나가는 너에게
왜 가느냐고 묻지는 않겠다
그러나 너는
내가 쉰일곱 살 때
삼백예순다섯 날을 함께 했었다고
꼭 기억할게

2011년 辛卯年아

겨울 산행

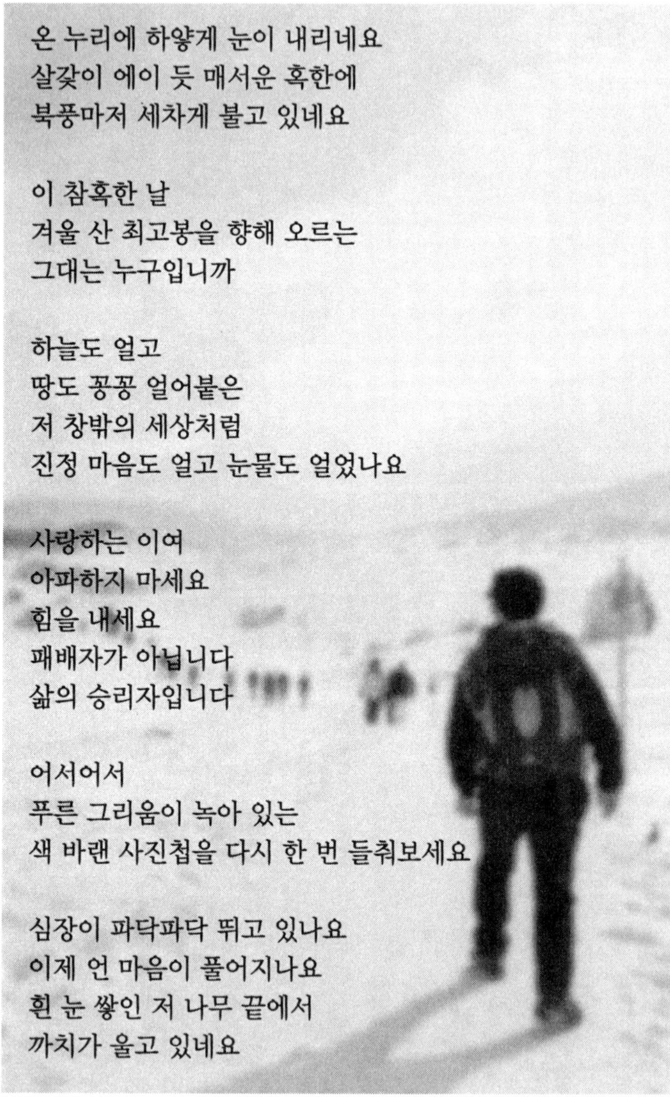

온 누리에 하얗게 눈이 내리네요
살갗이 에이 듯 매서운 혹한에
북풍마저 세차게 불고 있네요

이 참혹한 날
겨울 산 최고봉을 향해 오르는
그대는 누구입니까

하늘도 얼고
땅도 꽁꽁 얼어붙은
저 창밖의 세상처럼
진정 마음도 얼고 눈물도 얼었나요

사랑하는 이여
아파하지 마세요
힘을 내세요
패배자가 아닙니다
삶의 승리자입니다

어서어서
푸른 그리움이 녹아 있는
색 바랜 사진첩을 다시 한 번 들춰보세요

심장이 파닥파닥 뛰고 있나요
이제 언 마음이 풀어지나요
흰 눈 쌓인 저 나무 끝에서
까치가 울고 있네요

나무의 사계

사분사분 봄바람이 불어오면
운명처럼 꽃잎은 피고 진다

눈물 마른자리에
연록의 잎새가 미지의 세상을 향해
사뿐히 날개짓 할 때
아픔조차 무심하였다

오직 검푸른 비행선을 타고
이글이글 타오르는 저 불꽃을 향해
끝없이 질주를 하였다

아직 갈 길은 먼데
지난날 삶의 회한 때문일까
이마에 신열이 난다
간밤에 신음을 하던 육신은
붉은 피를 온산에 토해낸다

어느덧 쌩쌩 찬바람이 분다
생에 대한 미련조차 이제 꽁꽁 얼어붙었다
어디로 가야 하나
방황하는 나목(裸木)의 손을
어느새 하얀 갈대가 바람처럼 다가와
슬며시 옷깃을 잡는다

겨울나무의 독백

기억하지 않으리
꿈결같이 흘러 버린 지난날을

가슴 속에 아로새긴
보랏빛 사랑도
초록의 그림자도

내게 다가오는
겨울 발자국소리에

이제 눈을 감고 귀를 막았다
지난 세월은 다 잊었노라
바싹 마른 가슴을 치며

어느 겨울나무의
사랑 이야기

빈 산골짜기

낙엽이 떨어져
눈물나게 마음이 외로우면
빈 산골짜기에 가 보거라

울창한 숲에 앉아
여름내 우지 짖던 산새들은
어디론가 훌쩍 날아가 버리고

시원하게 그 가슴 속을 흐르던
계곡물도 이젠 꽁꽁 얼어붙었다

텅 빈 골짜기에 서서
가랑잎 한 잎 걸치지 않은
삭정이 같은 나뭇가지들을

따사로운 네 눈빛과 두 손으로
그 영혼을 어루만지면

네 가슴 빈 골짜기에도
아지랑이 아롱거리며
봄날은 또 다시 찾아오겠지

6부

•

나의 가로등

커피 1

젊음의 그림자가
아스라이 밟힐 때
달달한 커피 한 잔 생각이 난다

쓰디 쓴 에스프레소는 싫다
까무잡잡한 얼굴에
하얀 설탕과 크림으로 어우러진
그 모습이 참 좋다

차디찬 컵 속에 인정사정없이
뜨거운 물을 확 부었다
순간, 흑과 백은

그러나 풀어지지 않은
아픈 그림자 하나
검은 찻잔 속을 하염없이 맴돈다

커피 2

이젠, 이 절망의 늪에서
벗어나고 싶다
가시 돋친 나의 독백에

그대 두 눈엔
이슬이 그렁그렁 맺히고
양 어깨가 힘없이 흔들린다

그래 잊자
지난 날 삶의 고통은
모두 다 잊어버리자

쓰디 쓴 에스프레소 한 잔에
설탕과 같은 달콤함을
연유(煉乳)와 같은 부드러움을
눈물로 타서 마시자

상처 난 가슴엔
새살이 뽀얗게 돋아나겠지
저 들녘에 내리는 사월의 가랑비처럼
참 감미로울 거야

거 미

파란 저 하늘 좀 바라다보렴
겹겹이 닫힌 마음의 문을 열고

바람구멍도 없는
먼지 자욱한 어둠의 터널에 갇힌
한 마리 거미야

어느 봄날
살랑이는 봄바람과 함께
꽃잎 한 잎 네 곁을 떠났을 때

생명의 빛인
햇빛과 달빛
심지어 영롱한 아침 이슬까지
그 그물 터널 안에 가두었지

거미야
저기 한 줄기 햇살이 보이지 않니

이제 네 안에 얽히고 설킨
그 아픈 실타래를 풀자

어서 마음의 문을 열고
암흑의 터널을 탈출하자

나의 가로등

꽃잎이 흩날리는
봄의 거리에서
당신을 만난 건 운명이었습니다

감미로운 웨딩마치
그대와 내가 하나가 될 때
아카시아 꽃은 향수를 한가득 담아
싱그러운 꽃향을 선사했습니다

지난 세월
당신은 나의 가로등이었습니다
하늘이 우르르 울면
그대 가슴에 빗물이 흘러내렸습니다

우리가 가는 인생길에
서리가 내리면 서리꽃을
눈이 내리면 하얀 눈꽃이 피겠지요

그대여 함께 가요
여름 강을 건너
하얀 갈대숲을 지나
황량한 겨울 숲을 지날 때까지

가시덤불 돌부리
험난한 길일지라도
이제 내가 당신 가슴에 은은한 빛의
가로등이 되겠습니다

염 색

검은 물감으로
거짓을 낱낱이 물들인다

어느 순간이었든가
위선과 탐욕의 내 육신은
두 눈을 부릅뜨고
진실을 자꾸 말한다
하얗게, 하얗게

그러나 나는 오늘도 첫 새벽
세상이 채 밝기도 전에
새까맣게 음모(陰謀)를 꾸민다

아직은 고백하기 두려운
하얀 너의 진실

누구의 울음소리 일까

별들이 총총한
쓸쓸한 바닷가를 나홀로 걷네

모닥불 피워 놓고
기타 소리에 열광하던

꽃이 피는 봄날에
그 그림자가 그리워서
나 이곳을 찾았네

저 멀리 반짝이는 등대 불빛만이
외로운 나그네를
말없이 반겨주고 있네

모래톱에 새겨진
젊음의 발자국은
세월의 노래에 흔적조차 없구나

처 얼썩 처 얼썩
가슴을 치는 저 파도 소리는
바다의 울음소리 일까
누구의 울음소리 일까

어둠의 바닷가에서
정열적으로 꽃을 피우던 해당화야
너는 아직도
나를 잊지 않았겠지

그대는 누구인가

마디 마디에
초록빛은 영원하지 않았다
역동의 언덕을 지나
하얀 갈대밭을 거닐고 있는
그대는 누구인가

가슴 깊은 곳에 숨어있는
심장의 박동에 따라
연분홍 진달래꽃 샛노란 개나리꽃
때론 하얀 얼음꽃이 피기도 했다

때가 되면 산과 들에 꽃이 피듯
그 가슴에 젖멍울이 터지던
그해 그 봄
헤픈 웃음 속에 발갛게 열꽃이 피었을 때
네게도 사랑이 찾아 왔다지

뜬구름처럼 행복에 들뜬 너를 시샘하듯
꽃샘바람이 네 몸을 어루만지면
앙칼스런 성질에 입술은 바르르 떨리고
얼굴이 백지장처럼 창백했지

강물이 흘러가듯 세월은 흘러갔다
희로애락 그 무수한 사연을
골짜기마다 한가득 심어 놓고
하얀 갈대밭을 걷고 있는
그대는 누구인가

용서

옹졸한 생각과
사소한 감정은 이제 버립시다

따사로운 미소와
다정한 말 한마디는
우리가 사는 세상
평화의 바다가 됩니다

넓은 아량으로 용서를 합시다
해묵은 상처는
서로 어루만져 주고 보듬어주면

얼어붙은 그대 가슴에
꽃은 새로이 피어납니다
맺힌 옹이는 봄 눈 녹듯
사르르 녹을 겁니다

어디로 가야 하나 1

가을도 끝자락
스산한 바람이 부네
차디찬 거리를 맴돌던
낙엽 한 잎 길을 잃었네

꽃을 피우고
열매도 맺히던
한 시절도 있었으련만

세월에 속았던가
그 곱던 모습은 어디로 가고
온 몸과 마음은
상처투성이가 되었을까

갈 길 몰라
바스락 거리며
통곡을 하고
속절없이 굴러가는
슬픈 낙엽이여

어디로 가야 하나 2

거리로 내몰린
초라한 노파는 길을 잃었다

부들부들 떨리는 손
보자기에 싼 건
삶에 찌들어 헤진 옷 몇 가지
교통 신호등은 두 눈을 부릅뜨고 서 있다
놀란 마음에
파란 눈동자를 볼 틈새도 없이 당황하는
그 노파에게 빨리 건너라 재촉을 한다

차량은 자꾸 몰려오는데
성난 자식 살벌한 눈빛처럼 빨간 눈알을 부라린다

두 빛이 맞닿은 순간
어디로 가야 하나

서러운 그 노파
비에 젖은 길바닥에
그만 풀썩 주저앉는다

날은 어둑해지고
비는 부슬부슬 오는데

노을 -어머니의 하루

왜 몰랐을까
저녁노을이
발갛게 물드는 것을

하루해가 다 저물도록
애타게 기다리던
구름의 그림자도
바람의 발자국 소리도
너무나 아득하다

혼신을 다해
잎새 다 떨어진
굴참나무에게 살며시 다가갔건만
그 눈길마저 무심하다

해질 무렵
저녁 강물이 붉게 물든 까닭은

외로움이 흥건한
저녁 강가에서 달빛을 기다리는
노을의 애절한 마음이
물들었기 때문이다

왜 몰랐을까

독 도

심장에서 떨어진 살점 하나
그 외진 곳에서 홀로
얼마나 외로웠을까

수천 년
수만 년 고독에 지쳐 터진
너의 실핏줄은 이제 검은 돌이 되었다
파도에 부서지고 남은 작은 살갗에
힘겹게 뿌리를 내린 생명체들이
파란 깃발을 흔들고 있다

맨 주먹으로 거친 파도와 싸우며
삼백예순날 호시탐탐 이 땅을 노리는
검은 야수들과도 맞섰다

낮에는 하늘을 나는
괭이 갈매기와 벗이 되고
밤에는 하얗게 부서지는
달빛의 소리에 외로움을 달랬구나

너무 늦게 찾은 미안한 마음에
싸늘한 네 볼을 만져 본다
너를 내 품에 안은 시간은
고작 이십여 분

동해의 푸른 물결이 일렁인다
내 가슴이 용광로처럼 뜨거워진다

세월의 탑

어둠을 깨워
안개에 젖어 있는 새벽길을 나서다
아득히 멀어진 우리의 뒤안길을 돌아다봅니다

당신 때문에 나 하루가 행복했고
나 오만함 때문에
그대의 하루가 아팠다는 것을

아, 뺄셈 없이 더해만 가는 하루
그대와 나의 해묵은 세월
당신 얼굴에 깊게 새긴 주름에
나는 울컥 목이 메입니다

당신과 나는 고단한 하루살이였습니다
산마루에서 쉬어 가는
저 저녁 노을 아래서
공든 탑을 쌓듯 세월의 탑을
눈물로 쌓았습니다

이제, 싸늘한 바람이 부는 이 계절
외로운 들녘에서
애틋하게 꽃을 피우는 구절초처럼
우리가 가는 인생길에
미련없이 꽃을 피워 봅니다

□ 시평

아름다운 오후 그 역설의 노래

– 봉순희 시인의 시집 『봄이 오고 있잖아요』 –

홍 문 표

(시인 · 평론가 · 전 오산대총장)

봉순희 시인의 첫 시집 『봄이 오고 있잖아요』 출간을 진심으로 축하한다. 각박한 세상에서 시를 사랑하고, 시를 쓴다는 것이 얼마나 행복한 일인가. 한 때는 시인과 예언자를 동일시한 시대가 있었다. 예언자는 보통 사람들이 볼 수 없는 미래를 내다보고 예측하며 현재를 경계하는 신의 음성을 전하는 사람들이다. 시인은 눈에 보이는 현상만을 보는 것이 아니라 남들이 볼 수 없는 현실의 뒷면이나 현실의 내면을 들여다보고 존재의 참모습을 발견해내는 특별한 시력을 가진 사람들이며 특별한 청력을 가진 사람들이기 때문에 신의 영감을 받은 존재로 생각했던 것이다.

그러나 물질과 지식과 기술이 최고라고 생각하는 물신시대에 이르러서는 시인을 별 볼일 없는 여름날의 베짱이 정도로 생각하는 경우가 있다. 그러나 그것은 물질을 신으로 생각하는 속

물들의 생각일 뿐이고 인생을 보다 가치 있고 의미 있게, 그리고 아름답고 행복하게 살고자하는 사람들이라면 시와 예술의 존재가 얼마나 인생을 풍요롭게 하는 것인지를 잘 알고 있다.
우리는 늘 지식만 있으면 모든 것이 해결될 것으로 안다. 아는 것이 힘이라는 것이다. 물론 많이 아는 것은 그 만큼 세상을 넓고 깊게 사는 것이다. 그러나 정말 인간을 행복하고 풍요롭게 하는 것은 지식이 아니라 감동인 것이다. 우리에게 가장 행복했던 시간이 언제였을까. 그것은 누군가를 뜨겁게 사랑했던 순간이 아니었을까. 우리는 사물을 느낄 때와 그리고 사랑을 할 때가 가장 행복하다. 그런데 행복의 원천이 되는 이 세상의 감정은 지식이 아니라 감동이다. 감동은 우리를 풍요롭게 하고 충만하게 하고 행복하게 한다.
그런데 사랑을 느낀다. 행복을 느낀다는 것은 이 감정은 어디서 오는 것일까. 그것은 지식에서 오는 것이 아니라 감각 기관을 통해서 온다. 시각 · 청각 · 촉각 · 후각 · 미각을 통해서 사랑스러움 · 달콤함 · 즐거움 · 아픔과 괴로움 등이 발생하는 것이다. 예술이란 무엇인가. 색채와 음성과 해위를 통해 감각기관을 신선하게 자극하는 것이다. 그것을 우리는 감동 즉 필(feel)이라고 한다. 그것은 시도 같은 경우다. 시도 시각과 청각을 자극하는 것이다. 그것을 시학적으로 말하면 상상이니, 메타포니, 창조니 하는 것이다.
그렇다면 시는 감동만 있는 것인가. 시에 있어서 감동은 다른 예술과 달리 그것을 형식, 또는 그릇이라고 말한다. 따라서 그릇에는 담는 내용이 있어야 한다. 이것을 형상화라 한다. 그런데 그릇에 담는 내용은 아무것이나 담는 것이 아니라 눈에 보이는 사물의 내면에 숨겨진 비밀, 내면에 숨겨진 참모습을, 마치 땅 속에 묻힌 보물을 발굴하듯이 새로운 비밀을 찾아서 그

것을 감동적인 시의 형식으로 드러내는 것이다.,

그렇다면 봉순희 시인이 이번 시집을 통하여 드러내고자 하는 내용은 무엇인가. 그리고 그 내용을 어떤 시적 형식으로 드러내고 있는가. 봉시인은 이번 시집의 맨 처음에 「나의 노래」라는 작품을 제시하고 있다.

이제 노래를 부르리
못다 부른 나의 노래를

저 푸르른 날
무성한 숲 그늘에서 산새들 노래하고
초록 잎 새 나풀나풀
춤을 추었을 때

나무 등 뒤에 기대
소리죽여 울어야만 했던

아직, 심장이
파닥파닥 뛰고 있는
오후 네 시

황금빛
미지의 세계로 떠나기 전에

나는 한 마리
카나리아가 되어 노래를 부르리
못 다 부른 나의노래를

－「나의 노래」 전문

시적화자는 「나의 노래」에서 이제는 그 동안 못다 부른 노래를 불러야겠다는 선언을 한다. 여기서 우리는 시적화자가 말하는 이제는 어느 때를 말하는 것이며 그 동안 못다 부른 노래의 구체적인 것들은 무엇인가.

시인은 우선 '이제는'에 대한 시적 표현을 "아직 심장이/ 파닥파닥 뛰고 있는/ 오후 네 시"라고 하였다. 여기서 핵심이 되는 오후 네 시의 시간적 이미지다. 인간의 일생을 하루의 시간으로 비유할 경우 오후 대에서 천지만물의 이치를 알아 무엇을 들어도 이해할 수 있는 육십 대를 은유적으로 표현한 것이다. 이 시기는 일년 사계로 보면 봄에는 씨를 뿌리고 여름엔 땀 흘려 가꾸고, 가을엔 그 노력의 결실을 거두는 추수기일 수도 있지만, 역으로 생각하면 겨울이 가까운 시기이다.

그래서 시인은 이 시기를 "황금빛/ 미지의 세계로 떠나기 전에 그 동안 못다한 노래를 불러야겠다는 것이다. 그렇다면 그 못다 한 노래의 내용이 무엇이었을까. 그것을 시인은 "저 푸르른 날/ 무성한 숲 그늘에서 산새를 노래하고/ 초록 잎 새 나풀나풀/ 춤을 추었을 때// 나무 등 뒤에 기대/ 소리 죽여 울어야했던"라고 표현하고 있다. 말하자면 젊은 시절 마음껏 인생을 구가하지 못하고 참고, 주저하고, 아쉬워하고, 원망했던 그 미완의 삶을 이제는 완성의 삶, 성숙의 삶, 자유로운 삶으로 승화시켜 마음껏 드러내겠다는 다짐과 소망을 말하고 있는 것이다.

이처럼 봉순희 시인의 이번 시집의 기초는 인생의 오후, 하루의 시간으로 보면 오후 네 시라는 시간에 대한 자각을 통하여 '나'라고 하는 자아의 정체성이 무엇인가에 대한 강한 질문을 던지고 있는 것이다. 사실 우리가 인생을 살면서 시간성에 대한 의미를 찾는 것은 바로 내가 어떠한 존재인가를 탐구하는 존재발견의 노력이며 자아 탐구의 진지한 자세가 된다. 왜냐하면 인간이란 시간적 존재이기 때문이다. 지금 나에게 주어진 운명의 시간, 인생의 시간은 몇 시인가. 사람들의 가장 대표적인 질문이 "지금이 몇 시입니까" 그리고 "여기가 어디입니까" 이다. 자기가 서 있는 위치가 어디이며 인생의 시간 중, 자기는 몇 시에 있는지를 알아야 그 다음의 인생을 계획할 수 있기 때문이다. 따라서 인간이 자기시간에 대한 탐구와 자각을 한다는 것은 가장 의미 있고, 가치 있게 인생을 살겠다는 진지함이 있는 것이다.

봉순희 시인이 이번 시집을 통해서 보여주고 있는 가장 진지한 노력은 내가 있는 여기가 어디인가. 여기는 내 인생의 시간에서 몇 시가 되고 있나. 그렇다면 남은 시간 어디로 갈 것인가에 대한 관심이다.

다음의 시들에서도 그러한 질문을 볼 수 있다.

눈앞에 보이는
아득한 저 언덕을
어떻게 넘어야할까

나는 언제 이곳에 왔을까
푸른 등성이는 어디로 갔을까
세월이 두둥실 바람을 탔었나
잠결에서 꿈만 꾸었나

커피 한 잔속에 어리는
젊음의 그리움
허공 속에 토해낼
독백의 여유조차 없었다

아직도 마음은
스무 살 그 푸르른 언덕을
헤매 이고 있는데

바람은 자꾸 불어
지천명의 옷자락을
이순의 저 언덕으로 재촉 한다

— 「바람을 타고」

색소폰이 흐느낀다
파도는 바다의 가슴을 친다

도는 옛사랑으로
레는 옛 추억으로
해당화 한그루
외롭게 서 있는 겨울바닷가에서

못다 핀 꽃 한 송이가
저 해당화 일까
아직도 미련이 남았을까

한 소절 또 한 소절
어쩜 저리도 애절할까

— 「못다 핀 꽃 한 송이」에서

어느덧 나는
낙엽이 지는 쓸쓸한 가을 숲에 와 있다
자박자박 내게 다가왔던
그 때 네 발자국 소리에
내 가슴 속에는 발갛게 꽃이 피었다고
이제 너에게 고백하고 싶다

너 어디에 사니
아스라한 기억들은
내 젊은 날 초상이 되어
여전히 한조각 가슴속에 머물고 있는데
너에 대한 그리움이 깊어서일까
먹물처럼 검었던 머리카락은
어느새 그림자로 하얗게 빛바래가고 있다

— 「내 그리움의 노래를」에서

작품 「바람을 타고」를 보면 앞으로 남은 인생을 어떻게 살까. 나는 어떻게 여기까지 왔나, 너무나 무상한 세월 속에 가버린 시간에 대한 아쉬움을 강하게 토로하고 있다.
지난 시간을 돌아보면 그 시간은 허공 속에 토해낼 독백의 여유조차 없는 시간이었다. 아직도 마음은 이십대 푸른 언덕인데, 현실의 시간은 지천명에서 이순으로 넘어가는 오후의 시간이다. 시인은 덧없이 지나버린 애달픈 그 시간을 「못다 핀 꽃 한 송이」라 했다. 이는 앞서 '못다 부른 노래'와 같은 메타포다. 그는 겨울 바닷가에 서 있는 못다 핀 해당화를 보면서 지나간 그 시간을 색소폰이 흐느끼고, 파도가 가슴을 치는 애절한 곡조로 드러내고 있다. 「내 그리움의 노래를」에서는 다시 어느덧 나는 낙엽이 지는 쓸쓸한 가을 숲에 와 있음을 아쉬워하고 있다. 왜 시인은 가버린 시간, 그 때를 그렇게 잊지 못하고 아쉬워하는 것일까. 그것은 단지 지나간 시간에 대한 센티한 감정이 아니다. 그 때가 그리운 이유는 그 때 네 발자국 소리, 네 가슴 속에는 발갛게 꽃이 피었었기 때문이다.
그 때의 나는 열정이 있었고, 사랑이 있었고, 희망과 가능성이 있었다. 그런데 지금은 그 때가 아니다. 그 때 그 열정적인 젊은 날의 초상을 아스라한 기억이 되었고, 먹물처럼 검었던 머리카락은 빛바랜 그림자가 되고 말았다.
시인이 꿈꾸었던 시인이 추구했던 자아는 꿈이 있고, 열정이 있고, 사랑이 있는 자아다. 그런데 현재의 자아는 그가 꿈꾸었던 자아와는 너무나 다른 자아라는 것이다. 그러기에 시적자아는 그가 젊은 날에 꿈꾸었던 그 열정적이고 순수한 자아를 회복하고 싶은 갈망에서 「나의 노래」, 「내 그리움의 노래」를 부르고 싶다는 것이다.
그 때와는 너무나 다른 현재의 나를 시적화자는 다음과 같이 표현하고 있다.

가을도 끝자락
스산한 바람이 부네
차디찬 거리를 맴돌던
낙엽 한 잎 길을 잃었네

꽃을 피우고
열매도 맺히던
한시절도 있었으련만

세월에 속았던가
그 곱던 모습은 어디로 가고
온 몸과 마음은
상처투성이가 되었을까

가길 몰라
바스락 거리며
통곡을 하고
속절없이 굴러가는
슬픈 낙엽이여
– 「어디로 가야하나 1」

왜 몰랐을까
저녁노을이
발갛게 물드는 것을

하루해가 다 저물도록
애타게 기다리던
구름의 그림자도
바람의 발자국 소리도
너무나 아득하다

혼신을 다해
잎 새 다 떨어진

굴참나무에게 살며시 다가갔건만
그 눈길마저 무심하다

— 「노을 – 어머니의 하루」 에서

그 때와 다른 현재의 나를 「어디로 가야 하나 1」 에서는 가을 끝자락 거리를 맴도는 낙엽 한 잎으로 비유하고 있다. 한 때는 꽃피고 열매도 맺었지만 지금은 몸과 마음 모두가 상처투성이다. 그러니 남은 인생 어떻게 살 것인가. 어디로 가야하나 그러면서 시적 화자는 인생의 시간을 몰랐던 사실에 후회를 한다. 「노을 – 어머니의 하루」 가 그것이다. 왜 몰랐을까. 저녁노을이 발갛게 물드는 오후의 인생을, 더구나 여성으로 어머니로 인생의 노을을 맞으며, 더욱 인생의 시간에 대한 회한에 잠긴다. 그 때는 기다림도 있었고, 발자국 소리도 있었다. 그러나 지금은 모두가 아득한 과거다. 낙엽은 혼신을 다해 잎 새 다 떨어진 굴참나무에 갔었지만 눈길마저 무심한 처지다. 그렇다면 늦가을의 노을의 시간에 서 있는 노후 어떻게 할 것인가. 그냥 절망할 것인가. 침묵할 것인가 체념할 것인가.

이러한 갈등과 좌절과 아쉬움에서 놀라운 대반격을 시도하는 것이 바로 시적 상상력을 통한 자아의 회복이다. 「시가 내게 오면」 그 좌절과 허탈에서 새로운 가능성을 소망하고 있는 것이다.

꿈속에서도
길을 걸어도

너의 형상은
어둠 속으로 사라진 겨울안개

이 겨울이 지나고
꽃이 피는 새봄이 오면

그리운 소꿉동무들과
고향의 흙 향기 묻어나고

온갖 새들이 지저귀는
논두렁 밭두렁에 앉아

달래냉이 씀바귀를 캐고
돌돌돌 흐르는 시냇물소리 벗을 삼아

한 편의 시를 쓴다면
목마른 가뭄에 단비를 맞은

채마밭의 푸른 푸성귀처럼
참 행복할거야

꿈속에서도
길을 걸어도

– 「시가 내게 오면」

시의 생명은 메타포다. 메타포란 기존의 개념이나 형상을 뛰어넘고 이동하는 over와 carrying이다. 현실은 늘 물리적이고 기계적이고 이성적이다. 거기에 구속이 있고, 절망이 있다. 바로 그러한 속박의 굴레를 벗고 자유롭게 비상하는 것이 메타포의 본질이고 시의 속성이다. 지금 시적 화자의 현실은 이미 젊음이 가버린 인생의 오후, 돌이킬 수 없는 노을의 시간이다. 이성적으로는 도저히 이 좌절감에서 벗어날 수가 없다. 그러나 시적 상상력으로는 그 좌절을 벗어날 수 있다. 그것이 시적 구원이다. 시에서는 겨울이 봄이 될 수 있고, 가을에서 봄으로 역

류할 수 있기 때문이다. 시적화자는 지금은 겨울이지만 꽃피는 봄을 상상한다. 상상을 통해 소꿉 동무들과 온갖 새들과 함께 어울어지는 봄 날로 돌아간다. 시를 쓴다는 것은 그처럼 인생의 노을을 젊은 날의 인생으로 회춘하는 일이다. 그리하여 시적 화자는 "한 편의 시를 쓴다면/ 목마른 가뭄에 단비를 맞은// 채마밭의 푸른 푸성귀처럼/ 참 행복할 것야" 라는 가능성을 말하게 된다.

봉순희 시인이 이번 시집의 제목을 「봄이 오고 있잖아요」는 이런 현실적 허탈감을 시적으로 극복하는 시적 구원의 노래다. 현실적으로는 오후 네 시 노을이 다가오는 가을 끝자락이지만 시적 상상력을 통해 가을을 봄으로 메타포 하는 회복의 노래가 된다.

오해는 풀어졌나요
석 달 열흘
싸늘한 뱀처럼 당신의 눈빛과 마음은
냉정하고 차가웠습니다

푸른 솔 위에
보석의 여왕처럼
영롱한 빛이 돌던 잔설은
살금살금 다가오는 저 발자국 소리에
눈물은 어느새 자취를 감추고 있습니다

어 머 귀를 기울이고
저 소리를 들어 보세요
당신 가슴에
봄이 오고 있잖아요

– 「봄이 오고 있잖아요」

육신적인 인생의 계절은 가을이고 겨울이지만 영혼의 계절, 상상의 계절은 봄이 오고 있다는 것이다. 겨울은 석 달 열흘 싸늘한 뱀 같고 냉정하고, 눈물이 있는 세계이지만 봄은 따스한 생명의 계절이 된다. 이성적 사고로 보면 겨울은 분명 차가운 계절이고 절망의 계절이다. 그러나 상상적 사고, 감성적 사고, 시적 사고로는 절망이 아니라 그것은 희망의 시작이다. 그것은 억지스런 주장이 아니라 겨울의 내면에서 오히려 봄이 오는 소리를 들을 수 있는 청력을 지녔기 때문에 가능한 것이다. "어머 귀를 기울이고/ 저 소리를 들어 보세요/ 당신 가슴에/ 봄이 오고 있잖아요" 과거 시인을 예언자나 신이 내린 특별한 영감을 소유한 자로 보았던 이유가 여기에 있다. 남들이 볼 수 없는 내면, 남들이 들을 수 없는 내면의 소리, 신의 음성을 들을 수 있기 때문이다.

그리하여 이번 시집 『봄이 오고 있잖아요』는 정말 생명력이 넘치는 봄에 대한 소재의 시들이 많다. 그만큼 시인은 희망과 생명의 계절인 봄을 시적으로 만끽하고 있는 것이다. 물론 이번 시집은 봄을 소재로 한 작품만 있는 것이 아니다. 여름도 있고, 가을도 있고, 겨울도 있다. 그 중에도 봄에 대한 시가 많은 비중을 차지하고 있다. 인생의 계절은 가을이지만 시적 인생의 나이는 생명력이 넘치는 봄이라는 말이 된다. 그렇다고 가을의 시가 없는 것도 아니다. 봄 못지 않게 가을의 시도 많다. 그런데 가을의 시들을 보면 허탈한 외로움만 있는 것이 아니다.

가을빛은 늘어지지 않는
바쁜 발걸음이다
숨 가쁜 가을들녘에 빗방울 한 방울
오곡백과에 색깔을 물들인다

덧없는 인생
가을빛처럼 빠르게 담박질하여
이곳에 오지 않았던가

푸른 산들은
불볕이 쏟아지는 여름 내내
축축하게 젖은 짐을 등짝에 지고
이제 서야 그 무거운 짐을
저 가을 산에 부려놓는다

나뭇잎과 풀잎들은 제 가슴속에 쌓인 응어리를
이 계절에 서리서리 풀어 헤친다
마치 붉은 피를 토하듯

하늘은 높아졌다
파란 수채화 물감을 뿌린 듯
그곳에 목화송이가 새하얗게 꽃을 피우듯
나는 이 계절에 꽃을 피우고 싶다

가시 돋친 붉은 장미는 싫다
가을들녘에 핀 들국화가
바람결에 휘날리는 진한향내가
사람들 가슴 가슴에 머무르는
그런 들꽃을 피우고 싶다

– 「들꽃을 피우고 싶다」

가을빛은 늘어지지 않는 바쁜 걸음이라 했다. 속도감을 느끼는 계절이라는 말이다. 인생의 가을도 역시 빠르게 담박질하는 무상감을 느끼게 한다. 모든 생명들은 생의 무거운 짐들을 내려 놓아야 하는 쇄락의 계절이다. 그것이 가을의 일반적인 선입관이다.

그런데 시인은 이러한 가을의 선입관념을 과감히 깨고 가을 단풍의 의미를 "나뭇잎과 풀잎들은 제 가슴에 쌓인 응어리를 서리서리 풀어헤친/ 마치 붉은 피를 토하듯이" 가을을 가슴에 쌓인 응어리를 푸른 한풀이의 계절로 해석한 것이다. 이는 시인이 이번 시집 서두에서 못다 한 노래를 부르겠다는 다짐과 일치하는 것이다. 이 시인의 가을은 쓸쓸하게 흩날리는 낙엽의 가을이 아니라 마치 붉은 피를 토하듯, 그렇게 응어리를 풀고, 못다 한 노래를 마음 부는 황홀한 가을, 절망적인 가을이 아니라 오히려 화려한 꽃을 피우는 아름다운 황혼을 만들고 싶은 것이다. 그래서 파아란 하늘에 목화송이 같은 하얀 꽃을 피우고 싶고 진한 향내가 하늘에 사람들 가슴에 머무르는 그런 들꽃을 피우고 싶다고 했다.

이처럼 봉순희 시인의 이번 시집 『봄이 오고 있잖아요』는 현실적으로는 인생의 가을이고 오후의 시간이고 노을의 하늘이지만 이러한 일반적인 사고를 시적으로 뛰어 넘어 그 속에서 생명력이 넘치는 봄의 소리를 듣고 못다 한 노래를 부르며 오히려 황홀한 들꽃을 피우는 아름다운 오후 아름다운 삶을 구가하고자 하는 희망과 역설의 시가 되고 있는 것이다.

□ 작가소개

시인 佳香 봉순희

- 충북 보은 출생
- 창조문학 신인상(2011.9.) 시 부문
- 창조문학가협회 운영이사
- 한여울 문학 6기 회장
- 비단산문화축제 백일장 심사
- 2008년-2013년 은평문예 작품 수록
- 2010년 한국문인협회 은평지부 백일장 우수상
- 비단산문화 축제 시낭송회

- 시집 「봄이 오고 있잖아요」
- 동인지 「한여울의 맑은 꽃」
  「대지의 한여울」

E-mail : **hee7975@naver.com**

봉순희 시집

봄이 오고 있잖아요

2014년 2월 20일 인쇄
2014년 2월 20일 발행

지은이 봉 순 희
펴낸이 신 용 호
펴낸곳 창조문학사

서울 서대문구 가좌로 86 동천아카데미 5층
등록번호 제1-263호
전화 02-374-9011 / FAX 02-374-5217

공급처 한국출판협동조합 전화 070-7119-1740

값 10,000원
ISBN 978-89-7734-360-3